THIS BOOK BELONGS TO:

Test Your Color

Test Your Color

Test Your Color

Test Your Color

Test Your Color

Test Your Color

Test Your Color

Test Your Color

Test Your Color

Test Your Color

Test Your Color

Test Your Color

Test Your Color

Test Your Color

Test Your Color

Test Your Color

Test Your Color

Test Your Color

Test Your Color

Test Your Color

Test Your Color

Test Your Color

Test Your Color

Test Your Color

Test Your Color

Test Your Color

Test Your Color

Test Your Color

Test Your Color

Test Your Color

Test Your Color

Test Your Color

Test Your Color

Test Your Color

Test Your Color

Test Your Color

Test Your Color

Test Your Color

Test Your Color

Test Your Color

Test Your Color

Test Your Color

Test Your Color

Test Your Color

Test Your Color

Test Your Color

Test Your Color

Test Your Color